AF324470

PROJET

DE

RÉVISION DES STATUTS

DE

L'ASSOCIATION DES ARTISTES DRAMATIQUES,

PAR

M. EUGÈNE PIERRON

SECRÉTAIRE DU COMITÉ.

A MM. LES MEMBRES DU COMITÉ.

TYPOGRAPHIE DE JULES-JUTFAU, RUE SAINT-DENIS, 341.

1854.

DE LA
RÉVISION DES STATUTS

DE

L'ASSOCIATION DES ARTISTES DRAMATIQUES,

PAR

M. EUGÈNE PIERRON,

SECRÉTAIRE DU COMITÉ

— ◆ —

A MESSIEURS LES MEMBRES DU COMITÉ.

— ◆ —

Exposé des Motifs.

Paris, 6 Septembre 1854.

MONSIEUR LE PRÉSIDENT, MESSIEURS ET CHERS COLLÈGUES,

Un homme de talent, un écrivain distingué, un comédien remarquable, notre ancien premier vice-président M. Samson, disait dans son rapport de 1840 :

« Quelque persévérance de zèle, quelque maturité de réflexion
» que la Commission ait apportées dans le travail qui lui était
» confié, quelque approbation que la Société veuille bien ac-
» corder à ce travail, l'expérience et le temps, juges suprêmes

» de toutes choses, peuvent en révéler les imperfections et les
» vices. S'obstinera-t-on à les nier ou se contentera-t-on d'en faire
» l'aveu sans y chercher un remède? Des idées, des circonstances
» nouvelles peuvent rendre nos statuts surannés ou impraticables.
» Quand tout se modifie autour d'une institution, force lui est de
» se modifier elle-même. Qui déterminera la nécessité, l'opportu-
» nité de ces modifications? Qui sera chargé de les faire? votre
» Comité. . . . .
» . . . .
» . . . . » (1)

C'est donc cette nécessité, et l'opportunité de ces modifications
que je vais essayer de vous démontrer aujourd'hui.

J'ose espérer que le peu d'autorité de ma voix, et que mon insuf-
fisance à traiter une aussi importante question, ne me nuiront pas
dans votre esprit, au point de me refuser quelques instants d'attention, que votre bienveillance ordinaire me les accordera, par égard
pour les idées progressives qui m'animent, et surtout par amour
pour cette Association dont vous tenez la destinée entre vos mains.

Messieurs, je viens vous demander avec instance LA RÉVISION
DES STATUTS DE L'ASSOCIATION DES ARTISTES DRAMATIQUES.

Je la demande pour trois causes :

La première, — parce que depuis quinze ans tout s'est modifié
autour de notre institution;

La seconde, — parce que des idées et des circonstances nouvelles
ont rendu nos Statuts surannés.

La troisième, — parce que l'expérience et le temps, juges suprêmes de toutes choses, en ont révélé les imperfections et les vices.

Trois causes qui ont été sagement prévues dès 1840, par M. Samson, notre ancien rapporteur.

---

(1) Collection des Rapports, page 11.

Commençons donc par envisager d'abord les imperfections et les vices des Statuts actuels.

Il faut avoir le courage de le dire, et je le dis avec une conviction profonde. Les faibles avantages que procure l'Association, la modicité du secours particulier qu'elle accorde à chacun des Sociétaires qui sont forcés de recourir à elle, le chiffre peu engageant des pensions de retraite qu'elle promet; enfin, le peu d'appâts qu'elle offre à ses associés; voilà les plus grands vices, les plus grandes imperfections des Statuts. Voilà, croyez-le bien, la principale cause de l'indifférence des comédiens envers l'Association.

Eh quoi, — disent-ils, — si la misère m'atteint, si quelque malheur imprévu vient à me frapper, j'irai afficher, publier mon infortune devant un Comité, pour obtenir, quoi? — *trente* ou *quarante* francs, moins peut-être? — Mais ce n'est point un secours suffisant. Si je suis sans place, si je perds l'usage de mes facultés, si je deviens sourd, aveugle, paralytique : Que fera pour moi l'Association? — Elle me donnera trente ou quarante francs! Lorsque j'aurai soixante ans d'âge, si j'ai exercé ma profession pendant quarante années, si j'ai fait partie de l'Association depuis dix ans, que fera-t-elle pour moi? Elle me servira *trois cents* francs de rente viagère!.. Riant avenir!!.. Non, cela ne vaut point la peine d'être pris au sérieux, disent-ils de tous côtés. Vos promesses ne suffisent point à mes besoins, je ne suis point des vôtres. »

Sans approuver de semblables paroles, je ne puis cependant m'empêcher de reconnaître qu'elles se répètent sans cesse et partout .. Elles servent d'excuses et de prétextes à beaucoup d'artistes auxquels il est impossible de faire comprendre que si M. le Baron Taylor eût exigé des comédiens un sacrifice pécunier plus important, il risquait de compromettre le succès de sa noble pensée; que pour convaincre les incrédules, il fallait d'abord leur montrer ce qu'on pouvait faire d'une cotisation de cinquante centimes; que ce qui est possible aujourd'hui était impossible en 1840; qu'enfin cette

sublime institution est dans son enfance, qu'elle ne peut par conséquent produire encore tous ses fruits, que ce n'est pas une simple
tontine, mais une œuvre éminemment philanthropique, et surtout
l'œuvre de l'avenir!.

Maintenant, Messieurs, pour que toutes ces paroles irréfléchies
restent sans échos, pour mettre dans leurs torts tous ces critiques
acerbes et imprévoyants, il faut que *l'œuvre de l'avenir* fasse un
pas dans le présent, il faut détruire tous ces vains motifs d'excuses
et de plaintes quelqu'injustes qu'ils soient.

Oui, pour que les artistes ne puissent plus alléguer de pareils
prétextes, il faut que notre chère et belle institution assure à
chacun de ses vétérans *un avenir* qui le mette bien réellement
à l'abri de la misère, une pension assez élevée pour vivre dans
la retraite, au lieu d'un secours qui ne permet vraiment d'espérer
pour les vieux jours, que l'abri d'une maison de refuge. Il faut enfin
que ce Comité organise en faveur des Artistes dramatiques, ce que
l'État a su si bien organiser pour tous les employés, *une véritable
pension de retraite*, et qu'à l'instar de toutes les administrations sé-
rieuses, telles que les administrations des Postes, de l'Imprimerie
impériale, des Ponts-et-Chaussées, des Arts-et-Métiers, de la Ban-
que, de la Monnaie, de l'Université, des Prisons ou des Cultes,
ce Comité fasse de la Société des Artistes Dramatiques, *la Caisse
centrale de retraites de tous les comédiens.*

Du jour où le chiffre de la pension garantira aux Sociétaires
les moyens d'exister par sa seule ressource, à dater de ce jour,
croyez-le bien, vous verrez se rallier à la grande famille tous les
égoïstes, tous les indifférents, tous ceux qui la dédaignent aujour-
d'hui et restent dans leur isolement coupable.

L'augmentation du chiffre des pensions viagères, l'augmentation
du chiffre des secours ordinaires, voilà, selon moi, les indispensa-
bles et pressantes modifications qu'il faut se hâter d'apporter à nos
Statuts.

L'augmentation des pensions viagères entraîne avec elle l'augmentation des cotisations mensuelles. L'une est la conséquence de l'autre. Vouloir augmenter les charges sans s'assurer un moyen certain d'accroître les recettes, serait impraticable, insensé, *impossible*.

L'augmentation des cotisations mensuelles est d'ailleurs nécessaire et indispensable.

Les cotisations doivent être la principale, la plus certaine et la plus durable de toutes nos recettes, comme elles doivent en être aussi la plus digne et la plus légitime.

Aujourd'hui il n'en est pas ainsi, le produit des bals, des loteries, des représentations et des fêtes organisées avec tant de dévouement et d'étonnante activité par notre honorable Président-Fondateur M. le baron Taylor, et par vous tous, Messieurs, voilà quels sont les recettes les plus fructueuses jusqu'à ce jour pour l'Association. Mais tous ces moyens que vous avez si habilement et si heureusement mis en œuvre pour stimuler la philanthropie publique s'affaibliront, s'affaiblissent déjà considérablement, par la concurrence que nous font les sociétés rivales en employant aussi ces mêmes moyens. Il ne faut pas attendre qu'ils soient usés, il ne faut pas attendre que ces ressources deviennent improductives. Donc, il est temps de prendre dès aujourd'hui les mesures nécessaires pour faire figurer les cotisations mensuelles à nos recettes générales, pour un chiffre plus élevé, plus éloquent, plus productif. L'honneur de l'Association est intéressé à ce que l'argent qui sert à secourir les comédiens soit *avant tout* l'argent des comédiens, et non pas *surtout* l'argent du public. Les Artistes comprendront parfaitement que leur dignité est engagée dans cette question, et ils s'empresseront pour la sauvegarder, d'adhérer à un impôt mensuel plus élevé, réclamé au nom de leur honneur et de leur dignité ; ils voudront faire autant pour le bien-être de leur corporation que les artisans, les ouvriers les moins salariés et les plus pauvres font pour les leurs. Ils comprendront parfaitement que lorsque les classes les plus nécessiteuses des manouvriers, s'imposent un sacrifice de *deux* et *trois francs par mois* pour s'assurer des droits à de simples secours, *seulement en cas de maladie constatée et sans aucun espoir de pensions viagères;* eux, comédiens, qui auront désormais un avenir certain, ils doivent donner au Comité les moyens de rendre cet avenir meilleur et possible.

Un grand nombre de Sociétaires vous a déjà donné la preuve de ce que j'avance.

Lorsqu'en 1851, je fis aux Artistes de l'Odéon la proposition d'élever volontairement leurs cotisations, d'en fixer le minimun à un franc par mois pour ceux qui gagnaient moins de deux cents francs, et de les porter à un demi pour cent pour tous ceux qui recevaient davantage, j'eus le bonheur d'être compris par mes camarades, ils tinrent à honneur d'établir un précédent utile, qui fut immédiatement suivi par les Artistes des théâtres de Lyon et par d'autres, à la tête desquels je citerai notre dévoué collègue Berthier, qui est toujours le premier à appuyer les projets favorables au progrès de l'Association.

Cet élan volontaire de tant d'Artistes, prouve qu'il y a positivement aujourd'hui une disposition réelle parmi les Sociétaires à augmenter les cotisations et à pousser le Comité dans une voie progressive, qui implique la révision des Statuts.

Comptez tous ceux qui versent un franc par mois et plus, et vous acquerrez la certitude qu'ils forment un nombre déjà très significatif.

Et ne croyez pas, Messieurs, que l'augmentation des cotisations puisse diminuer le nombre des Sociétaires. Je sais que les partisans des Statuts de 1848, dans leur aversion pour tout ce qui est progrès ou réforme, prétendent que lorsqu'on ne se décide point à s'enrôler dans les rangs d'une Société qui n'exige pour unique impôt que la modique offrande de *cinquante centimes* par mois, on refusera formellement d'y entrer, si l'impôt est plus élevé.

Cet argument manque complètement de logique.

Est-ce que lorsqu'il s'agit de son avenir, d'assurer le pain de ses vieux jours, la première pensée qui s'offre à l'esprit est d'envisager l'importance du sacrifice qu'il faudrait s'imposer ? Assurément non ; la première pensée qui domine, est de s'assurer d'abord des avantages promis par cette institution qui nous convie, de voir si elle garantira bien réellement notre avenir , de voir si elle mettra bien positivement notre vieillesse à l'abri des premiers besoins.

On s'assure d'abord que le but est véritablement digne d'envie. On examine ensuite les sacrifices exigés pour l'atteindre.

Or, je le répète encore, Messieurs, *trois cents francs* de rentes viagères après quarante ans d'exercice et à soixante ans d'âge, non, ce n'est point un but qui peut exciter assez puissamment l'envie, non, trois cents francs de rentes viagères ne mettent point la vieillesse à l'abri des premiers besoins, non, *trois cents francs* de rentes viagères, ce n'est point la un avenir !

« — Eh bien, puisque le but de votre institution ne satisfait point mes vues, ne répond pas à mes besoins, je ne regarde point votre Société comme sérieuse, je ne veux prendre aucun engagement envers elle. — »

Voilà la réponse ordinaire de tous ceux qui refusent de se faire Sociétaires. Assurément elle est peu philanthropique cette réponse, mais on me l'a faite, et cent fois.

Si, au contraire, le but de notre Association satisfaisait leurs désirs. Si la pension viagère était réellement assez importante pour que les Artistes pussent vivre de cette seule ressource, si elle leur assurait seulement le nécessaire?.. Oh alors !... soyez-en convaincus, ils n'hésiteraient point à s'imposer des privations réelles, pour verser exactement une cotisation sérieuse, qui mettrait sérieusement leur avenir à l'abri de la misère. Ainsi ce n'est point l'augmentation des cotisations qui diminuerait le nombre de nos associés , mais le regret qu'ils éprouveraient en voyant que l'espérance donnée par M. Samson ne se réalise point : « *Quand tout se modifie autour* » *d'une institution, force lui est de se modifier elle-même,* » a-t-il dit. Eh bien, depuis 1848, tout s'est modifié grandement et plusieurs fois autour de notre institution, elle seule, malgré les paroles de notre illustre rapporteur, ne se modifie pas . . . .

. . . .

. . . .

Messieurs, le temps est venu d'élever le premier étage de cet édifice impérissable, dont notre immortel Fondateur a si heureusement et si habilement jeté la base. Cette œuvre sera la vôtre; elle est glorieuse et digne de vous... et vous l'accomplirez, j'en suis certain, avec le même empressement que vos honorables prédécesseurs ont mis à aider M. le baron Taylor à poser les premiers fondements de cette Association *indestructible.*

Lorsque j'insiste pour demander la révision partielle des statuts, une autre objection de ceux qui ne veulent point en reconnaître l'utilité, est celle-ci : « Prenez garde, prenez garde, s'écrient-ils : » — Si vous tentez de modifier vos statuts, le Gouvernement pour- » rait bien rapporter l'Ordonnance royale de 1848 qui vous recon- » naît comme établissement d'utilité publique, prenez garde, » prenez bien garde ! »

A ceux-là je répondrai qu'ils connaissent bien peu ou bien mal l'esprit du Gouvernement.

Comment, lorsque vous voyez chaque jour ses actes, lorsque vous voyez avec quelle sollicitude il patronne et protège cette sublime caisse des pensions de retraites pour la vieillesse qu'il a fondée, ainsi que tant d'autres associations, vous craignez qu'il ne vous crée des obstacles, lorsque vous lui demanderez son autorisation pour faire de votre Société une institution plus sérieuse, plus utile, plus intéressante ? Vous craignez un refus ? Ces craintes sont chimériques.

Mais jetez donc un regard sur le décret du 28 Mars 1852, qui organise la base des nouvelles sociétés de secours mutuels, vous y verrez que le Gouvernement en ordonnant l'établissement de ces sociétés partout où elles ont chance de prospérer et de grandir, leur accorde tous les avantages capables de favoriser leur fondation, de rehausser leur importance et d'activer leur progrès.

Jetez un coup-d'œil sur les statuts d'une de ces sociétés, sur ceux de la société du cinquième arrondissement par exemple, (de toutes celles qui sont instituées en vertu du décret impérial que je viens de citer, c'est la plus voisine du siège de la nôtre), jetez un rapide coup-d'œil sur ses statuts, et vous verrez, que les cotisations sont de *un franc*, *un franc cinquante centimes* et de *deux francs* par mois, et pourtant cette société ne promet point de pension de retraite.

Il me semble que cette preuve doit vous convaincre, Messieurs, de l'assentiment de l'autorité, lorsque vous vous présenterez à elle, pour lui demander d'augmenter les cotisations et les pensions.

Songez donc aussi que vos capitaux sont placés sur l'État qu'ils restent à jamais en son pouvoir, qu'il vous est impossible de les réaliser pour aucun motif. L'État ne peut donc craindre que vous les dissipiez follement, puisqu'il est le dépositaire éternel de votre fortune. Pourquoi refuserait-il donc de recevoir plus que vous ne lui donnez aujourd'hui?... Il est au contraire intéressé à l'accroissement de cette fortune, puisqu'il en possède la nue propriété, puisqu'il est votre éternel tuteur?

On ne peut donc raisonnablement appréhender un refus qui ne serait basé sur aucune cause sérieuse. Je dirai plus, quand même la demande de la révision des Statuts, serait repoussée par le Conseil-d'État, il est du devoir du Comité de la faire, si le Comité est convaincu des avantages réels qu'elle procurerait aux Sociétaires en étant accordée. Un refus n'est jamais un échec, quand le motif qui le fait naître est inspiré par un véritable et pur sentiment de philanthropie, par le sincère amour d'une corporation intéressante.

De deux choses l'une, Messieurs, ou vous ne reviserez point vos Statuts, et alors les Artistes délaisseront peu à peu l'Association, et alors dans un avenir trop prochain, vous verrez vos charges grandir et vos recettes diminuer ; car vous ne pouvez penser que tous ceux qui vous donnent aujourd'hui des cotisations extraordinaires, continueraient longtemps encore à payer cet impôt volontaire, ils ne tarderaient pas à s'apercevoir que l'initiative qu'ils ont prise n'amenant aucun résultat nouveau, aucune modification heureuse, il est parfaitement inutile de s'imposer plus longtemps des sacrifices stériles. Ils ont bien voulu donner l'exemple pour autoriser le Comité à le faire suivre, dans l'espérance que le Comité s'empresserait de donner une impulsion vigoureuse à cette initiative, mais dès qu'ils seront convaincus, que le Comité ne veut point augmenter pour tous les cotisations, ils se hâteront bien vite de réduire les leurs, autrement ils feraient un métier de dupes. Songez-y, Messieurs, songez-y sérieusement, vous perdriez l'élite de vos sociétaires, car il est à remarquer que les Artistes qui ont élevé leurs cotisations volontairement, sont précisément ceux qui payent avec la plus scrupuleuse exactitude !

Ou vous réviserez vos Statuts, et alors, en donnant cette impulsion nouvelle, qui aurait pour conséquence immédiate et première, de créer pour la caisse de l'Association des revenus plus considérables et plus en harmonie avec ses charges, vous ferez un acte important et utile, vous répondrez au désir de vos associés, vous préviendrez véritablement leurs besoins, vous marcherez enfin dans la voie du progrès, tout en restant dans la voie de la raison et de la sagesse.

Donc, d'un côté, en refusant d'élever les cotisations *pour pouvoir élever les pensions*, vous ne courez pas le risque de perdre un seul de vos associés, car les modifications que je vais avoir l'honneur de soumettre à vos délibérations, n'imposent obligatoirement aucun nouveau sacrifice aux associés, ne forcent la main à aucun d'eux, respectent et maintiennent les conditions actuelles, n'ont point d'effets rétroactifs, laissent enfin chacun maitre de sa volonté, et ne froissent aucun intérêt.

Il est encore une raison impérieuse qui me détermine à solliciter la révision des Statuts, et celle-là, Messieurs, je l'espère, aura un grand empire sur vos cœurs, car la reconnaissance fut toujours le premier mobile de vos volontés généreuses.

En vertu de l'article 14 de notre acte de Société, M. le baron Taylor, fondateur, est inamovible comme membre du Comité; mais par l'article 17, il est soumis chaque année aux chances de la réélection comme Président. Cet article 17 ne saurait rester plus longtemps en vigueur. La seule preuve de gratitude que nous puissions donner à notre immortel fondateur, c'est de faire une exception en sa faveur, et de supplier l'Empereur de le nommer *Président à vie*. Le Comité, en demandant à Sa Majesté de vouloir bien réaliser ce vœu, est presque sûr de son consentement, car le Ministre de l'intérieur, M. de Persigny, a dit dans son instruction du 29 mai 1852 : « — La protection la plus efficace, celle
» qui influe de la manière la plus heureuse sur l'avenir d'une
» société de secours mutuels, c'est le bon choix du Président. Le
» Prince a voulu s'en réserver la nomination comme un témoignage
» du haut intérêt qu'il porte au progrès de ces institutions. Le
» Président d'une société de secours mutuels, doit allier à l'autorité,
» aux lumières qui imposent le respect, le dévouement qui appelle
» l'affection. Cet honneur appartient à l'homme de bien dont le
» zèle impartial et désintéressé n'a jamais su faire de son influence
» une arme de parti, ni un moyen de faveur, il ne remplira les
» fonctions, d'une manière utile à tous, que s'il est désigné d'avance
» par l'honorabilité de sa vie, et surtout par le bien qu'il a déjà
» fait. »

M. le baron Taylor ne réunit-il pas toutes ces conditions? et ne dirait-on pas en vérité, que c'est son portrait que M. de Persigny a voulu faire, son exemple qu'il donne à suivre à tous les autres Présidents.

Au nom de l'Association tout entière, nous devons un témoignage d'affection, d'estime, de sympathie et de reconnaissance à l'homme qui depuis quinze ans a tant fait pour le bonheur des Artistes dont il est véritablement le père.

En laissant à Sa Majesté le soin d'acquitter la dette de nos cœurs et de récompenser le dévouement, la récompense sera plus belle, plus glorieuse, l'honneur sera plus grand, et par cela même plus digne de celui qui l'a si bien mérité.

Maintenant, Messieurs et chers Collègues, si vous reconnaissez comme moi « *que l'expérience et le temps, juges suprémes de toutes choses ont révélé les imperfections et les vices des Statuts actuellement en vigueur, vous obstinerez-vous à les nier, ou vous contenterez-vous d'en faire l'aveu sans y chercher remède ?...*

Je ne le crois point.

Si des idées, des circonstances nouvelles ont rendu nos Statuts surannés, ce que je viens d'essayer de prouver, (sans aborder cependant certains détails sur lesquels le projet même attirera votre attention), le Comité s'empressera-t-il en vertu de l'article 41 des Statuts, qui lui en confère le droit, de procéder immédiatement et sans retard à la révision de ces Statuts.

Je le crois.

Et c'est dans cette ferme conviction que j'ose soumettre à votre examen et à vos sages délibérations, le projet suivant de révision dont les trois principaux articles ont pour but :

1° DE NOMMER M. LE BARON TAYLOR FONDATEUR, PRÉSIDENT A VIE.
2° D'ÉLEVER LES COTISATIONS A DEUX FRANCS PAR MOIS.
3° D'ELEVER LES PENSIONS VIAGÈRES A SIX CENTS FRANCS PAR AN.

PROJET

DES NOUVEAUX STATUTS

DE

L'ASSOCIATION DES ARTISTES DRAMATIQUES,

§ 1er. — NATURE ET OBJET DE L'ASSOCIATION.

ARTICLE PREMIER.

Une Association de secours et de prévoyance est établie entre les Artistes dramatiques français (1).

ART. 2.

Cette association a pour objet :

1° De distribuer des secours aux Artistes faisant partie de l'association ;

2° De créer des pensions dont les bases et conditions seront ci-après fixées.

ART. 3.

L'Association prendra le titre d'*Association de secours mutuels entre les Artistes dramatiques.*

ART. 4.

Le siège de l'Association est établi à Paris.

---

(1) Les articles nouveaux ou modifiés sont en plus gros caractère.

§ 2. COMPOSITION DE L'ASSOCIATION.

ART. 5.

Sont aptes à faire partie de l'Association, tous les Artistes dramatiques français de l'un ou de l'autre sexe , exerçant ou ayant exercé leur profession pendant **deux** (1) ans au moins.

ART. 6.

Pour devenir membre de l'Association , tout artiste doit :

1° Signer son adhésion aux présents statuts ;

2° Acquitter un droit d'admission à fixé à **quarante-huit francs** (2).

ART. 7.

Tout associé est tenu d'acquitter exactement, en outre du droit d'admission , une cotisation de **deux francs** (3) par mois.

---

(1) Deux ans suffisent, exiger un surnumérariat plus long, c'est refuser l'entrée de la Société à un grand nombre d'artistes, sans une raison sérieuse.

(2) En réalité cette somme n'est que le montant des deux années d'exercice qui devront précéder l'admission du sociétaire. Si l'artiste exerce depuis plus de deux ans, le droit d'admission reste toujours le même, et par conséquent l'article 7 des statuts de 1848 est à supprimer. On ferait éprouver une perte réelle à la Société , en supprimant ce droit qui est un des plus sûrs moyens de grossir le fonds de dotation de la Société.

On comprend facilement que pour entrer dans une Société qui possède près de *trente mille livres* de rentes il est juste et raisonnable de payer sa bienvenue. Et si , lors de la création de la Société, quand elle ne possédait rien , le Conseil-d'État, dans sa sagesse, à cru devoir imposer un droit d'admission ; aujourd'hui, plus que jamais , il en reconnaîtra la nécessité et le maintiendra.

(3) Deux francs est la somme généralement fixée par le plus grand nombre des sociétés organisées en vertu du décret du 29 mai 1852. Cette somme est à la portée de tous, elle est bien faible il est vrai, quand on songe, qu'indépendamment des secours auxquels elle donne droit, une pension de retraite de *six cents francs* peut devenir aussi la conséquence du versement régulier de ce léger impôt.

J'avais d'abord songé à une retenue proportionnelle sur les appointements mais ce mode de cotisations serait très difficile à faire accepter. La Société pour conserver son caractère vraiment philanthropique, ne peut et ne doit créer qu'une pension uniforme , dont le chiffre égal pour tous , assure à tous le *même bien-être, le nécessaire* Autrement , la Société deviendrait une simple tontine, et en établissant des pensions échelonnées d'après l'im-

Art. 8.

Si un associé laisse écouler deux années sans payer ses cotisations mensuelles, il cessera de faire partie de l'Association, et ce de plein droit, sans qu'il soit besoin d'aucun acte de mise en demeure, et par la seule échéance du terme.

Toutefois, le Comité d'administration sera juge des causes qui auront empêché un membre de remplir ses engagements envers l'Association, et il pourra, s'il y a lieu, le relever de la déchéance.

Art. 9.

L'associé relevé de la déchéance, ne pourra néanmoins rentrer dans l'Association qu'en acquittant toutes les cotisations arriérées.

Art. 10.

L'associé non relevé de la déchéance, ne pourra rentrer dans la société qu'en acquittant de nouveau le droit d'admission, et il n'y prendra rang que du jour de sa rentrée.

Art. 11.

Ne pourra faire partie de l'Association, aucun Artiste ayant subi une peine afflictive ou infamante, ou un emprisonnement d'un an et plus pour crimes et délits compris dans le chap. ii, tit. ii, liv. 3 du Code pénal.

Sera exclu tout membre qui serait condamné à des peines énoncées au paragraphe précédent.

---

portance de la cotisation des sociétaires, elle sortirait de l'esprit de son rôle, qui est essentiellement, moralisateur, philosophique, humanitaire, et non pas seulement spéculateur et tontinier. Or, je ne pense pas qu'on puisse *imposer* des cotisations plus fortes aux uns qu'aux autres. Si les droits et les bénéfices sont égaux pour tous, l'impôt obligatoire ne saurait être inégal. La cotisation proportionnelle serait évidemment beaucoup plus humaine, beaucoup plus honorable et plus philanthropique, mais tout ce qui est humain, honorable et philanthropique semble arbitraire à ceux qui n'ont pas le sentiment intime de la charité chrétienne. Contentons-nous donc d'espérer que les sociétaires favorisés par la fortune, comprendront qu'ils doivent donner à l'Association plus que ceux qu'elle délaisse, mais ne les contraignons pas, et laissons-leur tout le mérite d'un sacrifice, d'autant plus honorable, qu'il sera volontaire et spontané.

Art. 12.

Les sociétaires qui auront cessé de faire partie de l'Association, par suite d'exclusion, de déchéance, de démission, ainsi que les héritiers des sociétaires décédés, ne pourront exercer, en aucun cas, contre l'Association, aucune répétition à raison des sommes par eux versées dans la caisse de la société, à laquelle lesdites sommes demeureront définitivement acquises.

§ 3. — ADMINISTRATION DE L'ASSOCIATION.

Art. 13.

L'Association est administrée par un Comité composé :

1° De M. le baron *Taylor*, fondateur **Président à vie** (1).

2° Et de vingt-cinq hommes, membres de la société, et nommés par l'assemblée générale, au scrutin secret et à la majorité relative des voix.

Art. 14.

Le Comité se renouvelle chaque année par cinquième.

La voie du sort détermine les quatre premières séries sortantes ; les membres sortiront ensuite d'après l'ordre d'ancienneté de leur série.

Les membres sortants sont indéfiniment rééligibles.

Art. 15.

Quant aux vacances qui pourraient survenir dans le Comité, par suite de décès, démission, ou pour toute autre cause, il pourra y être pourvu provisoirement par le Comité, et définitivement par l'assemblée générale, lors de sa première réunion.

Toutefois, si le Comité se trouvait réduit à moins de treize membres, de même que dans le cas de démission de la totalité des membres composant le Comité, une assemblée générale extraordi-

---

(1) Les intérêts de la Société l'exigent, les services rendus le méritent, la reconnaissance de tous les associés l'ordonne !

naire devra être convoquée, pour procéder soit au renouvellement intégral, soit au renouvellement partiel.

Les membres nommés par suite du renouvellement partiel ne le seront que pour le temps pendant lequel seraient restés en fonctions les membres qu'ils seront appelés à remplacer.

Art. 16.

Le Président est nommé par l'Empereur.

Art. 17.

Le Comité nomme dans son sein :

Trois vice-présidents,

Et quatre secrétaires.

La durée des fonctions du bureau est d'une année.

Art. 18.

Le Comité s'assemble **au moins** une fois par semaine.

Art. 19.

Le Comité statue :

1° Sur la validité des demandes d'admission ;

2° Sur les déchéances encourues par les sociétaires ;

3° Sur les demandes de secours et de pensions :

4° Il nomme des agents délégués dans les départements et à l'étranger, pour les intérêts de la société :

5° Il dresse les budgets et arrête les comptes ;

6° Il accepte les dons et legs faits à l'Association, et la représente dans tous les actes de la vie civile qu'elle est appelée à faire.

Il prend toutes les mesures qu'il jugera nécessaires dans l'intérêt des sociétaires, et il délibère sur tout ce qui concerne le bon ordre et la bonne administration de la société.

Art. 20.

Les délibérations du Comité sont prises à la majorité des voix des membres présents.

En cas de partage, la voix du président est prépondérante.

Art. 21.

Pourra être déclaré démissionnaire, tout membre du Comité qui aura manqué a trois séances consécutives, sans motifs reconnus légitimes par le Comité.

Cette démission sera prononcée par le Comité ; mais elle ne pourra l'être qu'à la majorité des voix des membres du Comité présents et non présents.

§ 4. — ASSEMBLÉES GÉNÉRALES.

Art. 22.

Il y aura chaque année une assemblée générale des sociétaires.

Le nombre des sociétaires convoqués ne pourra excéder cinq cents. (1)

Le mode de convocation sera déterminé par le règlement d'administration intérieure.

Cette assemblée aura lieu pendant les vacances théâtrales, du 15 avril au 15 mai.

Art. 23.

Le sociétaire qui ne peut assister à l'assemblée générale a le droit de s'y faire représenter par l'un des membres de la société en lui déléguant par écrit ses pouvoirs. (2)

Art. 24.

Le même sociétaire ne peut réunir plus de dix voix comme fondé de pouvoirs.

Nul ne peut représenter un sociétaire, s'il n'est lui-

---

(1) Je demanderais la suppression du second paragraphe de l'article 22, si je n'avais la certitude que le Conseil-d'État le maintiendra, j'en ai pour preuves les statuts des nouvelles sociétés qu'il a élaborés et qui contiennent tous cet article.

(2) Il n'est point juste que les sociétaires qui sont en province et à l'étranger, ne puissent user de leurs droits d'électeurs. Tous les intéressés doivent

même membre de la société. — La forme des pouvoirs sera déterminée par le Comité.

ART. 25.

Des assemblées générales extraordinaires pourront être convoquées :

1° Lorsque le Comité en aura reconnu la nécessité ;

2° Dans le cas prévu par le paragraphe deuxième de l'article 16 ci-dessus.

Dans ce dernier cas, l'assemblée générale extraordinaire pourra être convoquée par le président du Comité.

ART. 26.

Le président, les vice-présidents et les secrétaires du Comité d'administration exercent respectivement ces mêmes fonctions aux assemblées générales.

ART. 27.

Dans sa séance ordinaire, l'assemblée générale procède au remplacement des membres sortants du Comité, et pourvoit aux vacances survenues dans le Comité, pour quelque cause que ce soit.

Chaque année, le Comité fait à l'assemblée générale un exposé de l'état de la société ; il rend compte de ses opérations, des recettes et dépenses, et de l'état du fonds social. Ce compte doit être affirmé par l'agent trésorier responsable, vérifié et certifié par le Comité d'administration, et visé par le président et l'un des secrétaires ; il doit toujours être adressé à **M.** le ministre de l'intérieur.

---

avoir la possibilité d'être représentés dans les assemblées et de nommer leurs mandataires. Le Conseil-d'État admet ce principe dans les statuts des compagnies de chemins de fer. Les membres du Comité ne représenteront véritablement la société que du jour où tous les associés pourront exprimer leur libre volonté et participer au scrutin annuel. Jusqu'à ce jour les assemblées générales n'ont réuni que deux ou trois cents votants et l'Association compte 2,300 sociétaires. Avec soixante voix on peut être élu membre du Comité. Parce qu'on a obtenu soixante suffrages peut-on sincèrement se considérer comme le mandataire de *deux mille trois cents associés?*

§ 5. — RESSOURCES ET COMPTABILITÉ.

Art. 28.

Les ressources de la société se composent :
1° Du droit d'admission;
2° Des cotisations mensuelles payées par les sociétaires;
3° Des intérêts des capitaux placés;
4° Du produit des bals, concerts, représentations et fêtes donnés au profit de l'Association;
5° Des dons, legs et autres libéralités qu'elle pourra être autorisée à accepter.

Art. 29.

Afin de former le fonds de dotation de l'Association, toutes les recettes de l'année seront capitalisées et employées en acquisitions de rentes sur l'État.

Les intérêts des fonds placés sont seuls à la disposition du Comité, pour être distribués en secours et pensions, **après avoir prélevé d'abord sur ces intérêts les frais d'administration.** (1)

Art. 30.

Toutes les recettes sont effectuées par un trésorier.

Ce comptable fournit un cautionnement dont le montant est déterminé par le Comité d'administration, qui fixera également le mode des écritures et de la comptabilité.

Art. 31.

Les dépenses sont liquidées par le Comité et payées par le trésorier sur un mandat du président.

---

(1) Cette addition est utile pour éviter à l'avenir toutes les contestations que pourrait soulever le silence des statuts sur ce point.

Art. 32.

Dans le mois de **décembre** (1) de chaque année, le Comité dresse le budget des dépenses de l'année suivante.

Dans le mois de mars, le compte de l'année expirée est rendu au Comité par le trésorier.

§ 6. — DES SECOURS ET PENSIONS.

Art. 33.

L'Association des Artistes dramatiques s'interdit de faire aux sociétaires aucun prêt avec ou sans intérêts.

Art. 34.

N'auront droit aux secours et pensions de l'Association et aux avantages qu'elle procure, que les sociétaires qui en font partie.

Toutefois, dans des cas rares et exceptionnels, dont le Comité sera juge, il pourra être accordé des secours aux père, mère, veuve et enfants des sociétaires décédés.

Art. 35.

Quinze ans après la publication du décret autorisant les présents Statuts, il sera créé des pensions viagères jusqu'à concurrence des cinq-sixièmes des revenus de la société ; l'autre sixième sera employé en secours d'après le règlement intérieur du Comité. (2)

Ces pensions seront de six cents francs chacune et seront distribuées aux sociétaires, d'après l'ordre de leur inscription dans la société.

---

(1) Le semestre du trois pour cent et les rentrées des cotisations de la province, ne permettent pas de préciser plus tôt le chiffre exact des revenus acquis pendant l'année.

(2) Les revenus de la société grossissant chaque année, le sixième consacré aux secours ordinaires atteindra avant peu un chiffre très élevé, suffisant, et qui sera plus en harmonie avec la part réservée pour les pensions.

Art. 36.

Auront droit à la pension ceux qui auront fait partie de l'Association pendant trente ans, auront payé exactement leur cotisation, auront exercé leur profession pendant trente ans et auront soixante ans d'âge.

Art. 37.

Les pensions ainsi créées, devenant libres par suite du décès des titulaires, ou pour toute autre cause, passeront successivement, au fur et à mesure des extinctions, sur la tête des sociétaires venant ensuite d'après leur numéro d'ordre dans ladite société, et réunissant les conditions ci-dessus pour être pensionnaires.

Le sociétaire appelé par son numéro d'ordre à faire partie des pensionnaires, mais n'ayant pu profiter de cet avantage comme ne réunissant pas alors les conditions ci-dessus stipulées, aura droit, lorsqu'il réunira les mêmes conditions, à la première pension devenue vacante, et ce par préférence à ceux dont l'entrée dans ladite société serait postérieure.

Art. 38.

Les titulaires des pensions resteront membres de la société, et continueront de payer la cotisation mensuelle.

Art. 39.

Toute cession de pension à des tiers est interdite, la société ne s'engage pas à en acquitter les arrérages en des mains autres que celles des titulaires.

Art. 40.

Jusqu'à l'expiration de quinze ans à courir du jour du décret impérial le Comité aura la faculté d'accorder de nouvelles pensions, sous les conditions réglées par l'Ordonnance du 17 février 1848.

§ 7. — DISPOSITIONS TRANSITOIRES.

Art. 41.

Les membres du Comité d'administration actuellement en fonctions continueront d'en faire partie jusqu'à leur renouvellement, conformément au mode établi par l'article 15 ci-dessus ; il ne sera pourvu, dans la prochaine assemblée générale qui aura lieu pendant les vacances théàtrales de 1856 qu'à la nomination d'un nombre de membres suffisant pour remplacer les membres sortis ou devant sortir à cette époque du Comité actuellement existant.

Art. 42.

Il sera dressé par le Comité un règlement intérieur.

Ce règlement sera soumis à l'approbation de S. E. M. le ministre de l'intérieur.

DISPOSITIONS GÉNÉRALES.

Art. 43.

Aucune modification aux présents statuts ne sera soumise à l'approbation de l'assemblée générale, qu'autant qu'elle aura été présentée par le Comité.

Ces modifications devront être approuvées par décret impérial.

Art. 44.

Malgré les modifications apportées par les présentes aux précédents statuts, les anciens sociétaires continueront à faire partie de l'Association **d'après les conditions réglées par l'ordonnance du 17 février 1848.**

Art. 45.

Les anciens sociétaires qui voudraient jouir des nouveaux avantages conférés par les présents statuts sont tenus de signer une nouvelle adhésion, mais ils conserveront leur ancien numéro d'inscription dans la société.

www.ingramcontent.com/pod-product-compliance
Lightning Source LLC
LaVergne TN
LVHW010512060726
842527LV00005B/2025